Cuisine minute

Cuisine minute

La Renaissance du Livre

Cuisine minute

Lorsqu'on parle de cuisine rapide ou fast food, on pense spontanément aux hamburgers juteux et aux pains pitas avec une délicieuse sauce au yaourt. Et à juste titre, parce qu'ils sont devenus des classiques de la restauration rapide.

Vous trouverez dans ce petit livre sympa une sélection de plats rapides du monde entier. Des plats chinois piquants à base de riz ou de nouilles, des rondelles d'oignon américaines croustillantes, des chicken nuggets croquants que vous pourrez enfin préparer vous-même, en leur donnant une touche personnelle.

Vous verrez que ces plats rapides sont aussi variés que délicieux. Car avouez-le, vous n'avez pas toujours envie de passer votre temps à cuisiner. Ce livre offre une alternative valable. Donc préparez la cuisine, faites saisir ces délicieux cheeseburgers et dorer ces bonnes frites irlandaises jusqu'à ce qu'elles soient croustillantes.

Mais n'oubliez pas : une cuisine variée est importante !

1.

En-cas

Sandwiches club au saumon fumé

INGRÉDIENTS (POUR 4 PERSONNES)

12 tranches de pain de mie
2 tomates
100 g de cresson alénois
6 cs de mayonnaise
8 tranches de saumon fumé
2 cs d'oignon finement haché
2 cs de persil haché
20 g de beurre mou

Préparation

- Poser 4 tranches de pain sur le plan de travail.
- Beurrer les tranches.
- Disposer par-dessus le cresson alénois lavé et égoutté et une tranche de tomate.
- Couvrir avec une tranche de pain de mie.
- Enduire de mayonnaise.
- Poser les tranches de saumon fumé.
- Terminer avec le persil haché et l'oignon finement coupé.
- Couvrir avec la dernière tranche de pain.
- Couper en diagonale en triangles.

Finition

- Disposer les sandwiches côte à côte sur un plat rectangulaire.

Détail intéressant

Il s'agit véritablement d'un snack traditionnel. Au Royaume-Uni, on le sert avec le « high tea », thé accompagné d'une myriade d'amuse-bouches, parmi lesquels ces sandwiches.

Sandwiches club au rosbif

INGRÉDIENTS (POUR 4 PERSONNES)

12 tranches de pain de mie
8 tranches de rosbif cuit
10 g de cresson alénois
4 tranches de tomate
2 cs de mayonnaise
3 cl de crème liquide
1 cc de raifort moulu
4 rondelles de concombre
20 g de beurre

Préparation

- Laver et égoutter le cresson.
- Mélanger la mayonnaise avec la crème et le raifort.
- Poser 4 tranches de pain de mie sur le plan de travail.
- Enduire de beurre.
- Répartir le cresson, la tomate et le concombre par-dessus.
- Couvrir avec une deuxième tranche de pain.
- Enduire avec le mélange raifort mayonnaise.
- Répartir le rosbif sur le pain.
- Couvrir avec la dernière tranche de pain.
- Couper en triangles.

Finition

Disposer les sandwiches sur un plat rectangulaire.
Servir avec éventuellement un peu de mayonnaise au raifort à côté.

Tortilla au bœuf, paksoi et sauce soja

INGRÉDIENTS (POUR 4 PERSONNES)

12 petites tortillas
500 g de filet de bœuf
2 petits paksois (choux chinois)
1 piment
5 cs de sauce soja douce
100 g de shiitaké
1 oignon rouge
1 gousse d'ail
4 cc d'huile de sésame

Préparation

- Couper le filet de bœuf en lamelles.
- Couper le piment en deux et retirer les pépins. Couper en très fines lamelles.
- Couper les paksois lavés en fines lamelles.
- Eplucher l'oignon et couper également en lamelles.
- Eplucher l'ail et hacher finement.
- Couper les shiitaké en lamelles.
- Mélanger le tout et passer très rapidement au wok à feu vif dans 2 cs d'huile de sésame. Saler.
- Faire cuire rapidement les lamelles de viande dans le restant d'huile de sésame.
- Assaisonner de poivre du moulin.
- Mouiller à la sauce soja et retirer immédiatement du feu.
- Réchauffer rapidement les tortillas.

Finition

- Disposer les tortillas les unes sur les autres en les décalant sur une assiette rectangulaire. Répartir les légumes et la viande séparément dans des petits ramequins et poser sur l'assiette à côté des tortillas.
- Prévoir une cuillère et laisser les convives faire leurs propres tortillas.

Tortilla de canard à la sauce hoisin

INGRÉDIENTS (POUR 4 PERSONNES)

12 petites tortillas
2 magrets de canard
1 carotte
2 oignons de printemps
8 cs de sauce hoisin
1/10e de céleri rave
1 oignon rouge
1 cs de feuilles de coriandre hachées
1 racine de gingembre
1 gousse d'ail

Préparation

- Couper en fines lamelles les oignons de printemps, l'oignon rouge et le gingembre.
- Râper la carotte et le céleri rave au robot électrique.
- Mélanger le tout avec la coriandre.
- Couper l'ail très finement et ajouter également. Assaisonner de sel de mer.
- Détacher la peau des magrets de canard et faire fondre dans une poêle.
- Couper le canard en fines lamelles.
- Faire cuire dans la graisse de canard jusqu'à ce qu'elles soient rosées. Assaisonner de sel et de poivre du moulin.
- Faire chauffer les tortillas au four.

Finition

- Disposer les tortillas décalées les unes sur les autres sur une assiette rectangulaire.
- Disposer les lamelles de canard à côté des tortillas. Décorer avec le mélange de légumes.
- Placer un petit pot avec la sauce hoisin.
- Les convives composeront leurs propres tortillas.

Détail intéressant

La sauce hoisin est également connue sous le nom de sauce Pékin. C'est une sauce épaisse de couleur rouge brun à brun foncé, fortement épicée et d'un goût légèrement doux, typique dans la cuisine chinoise. Elle est à base de haricots de soja, d'ail et de piments.

Nuggets de poulet faits maison

INGRÉDIENTS POUR 20 NUGGETS

1 kg de filets de poulet
2 œufs
1 cs de farine
1 gousse d'ail

Panure
4 blancs d'œufs
2 cs de farine
200 g de chapelure
1 cs d'huile

Préparation

- Couper les filets de poulet en petits dés.
- Laisser bien refroidir 1 heure au congélateur.
- Hacher au robot avec les œufs, l'ail et la farine.
- Assaisonner de sel et de poivre du moulin.
- Laisser refroidir la viande hachée au réfrigérateur.
- Entre-temps, fouetter les blancs d'œufs avec l'huile.
- Mettre la farine dans un plat, et la chapelure dans un autre plat.
- Mettre les blancs d'œufs dans un saladier.
- Confectionner des boulettes avec la viande hachée et presser pour les aplatir.
- Les plonger d'abord dans la farine, puis dans le blanc d'œuf, et enfin dans la chapelure.
- Frire dans l'huile à 180°C.
- Egoutter sur du papier absorbant.

Finition

- Disposer sur une grande assiette décorée de papier dentelle.
- Servir avec quelques sauces d'accompagnement.

Hot-dogs au fromage et au lard

INGRÉDIENTS (POUR 4 PERSONNES)

4 piccolos
4 saucisses de Strasbourg
4 tranches de gouda
8 tranches de lard fumé
Une poignée de chips salées

Préparation

- Ouvrir les piccolos.
- Plier le fromage entre les deux moitiés et envelopper de lard.
- Dans une poêle en téflon, faire dorer les saucisses dans un peu de beurre.

Finition

- Mettre les saucisses dans les piccolos.
- Saupoudrer de chips.
- Servir avec du ketchup ou de la moutarde.

Ciabatta au taleggio

INGRÉDIENTS (POUR 4 PERSONNES)

1 ciabatta
400 g de taleggio
Quelques feuilles de roquette
4 cs de tomates séchées
16 olives dénoyautées
2 échalotes
10 cl d'huile d'olive extra
Un filet de vinaigre balsamique
1 cc d'origan séché

Préparation

- Ouvrir la ciabatta dans la longueur et couper en morceaux de 5 cm de long environ.
- Arroser d'huile d'olive.
- Enlever la croûte du fromage et répartir sur la ciabatta.
- Parsemer d'origan et arroser à nouveau d'huile d'olive.
- Poser la ciabatta pendant 10 minutes au four.
- Entre-temps, mélanger la roquette lavée et essorée avec les olives, les échalotes finement coupées et les tomates séchées.
- Faire briller la salade à l'huile d'olive et au vinaigre balsamique et assaisonner de poivre du moulin.

Finition

- Composer une petite salade sur une grande assiette froide.
- Disposer 2 morceaux de ciabatta à côté.

Détail intéressant

La ciabatta est la version italienne de la baguette française. De nos jours, on en trouve dans tous les supermarchés sous forme de pain à cuire.
Le taleggio est un fromage de vache italien qui sous la chaleur devient fondant et crémeux.

Ciabatta au saumon fumé et fromage aux herbes

INGRÉDIENTS (POUR 4 PERSONNES)

1 ciabatta
200 g de saumon fumé
100 g de fromage aux herbes

Préparation

- Couper la ciabatta en deux dans la longueur.
- Enduire de fromage aux herbes les deux faces de la ciabatta.
- Recouvrir une des faces de saumon fumé.
- Refermer la ciabatta.
- Passer la ciabatta au four à 180°C pendant 10 minutes.
- Sortir du four.
- Couper la ciabatta en morceaux de 5 cm environ.

Finition

- Disposer les morceaux sur une assiette recouverte de papier dentelle.
- Idéal à l'apéritif et revigorant entre deux verres lors de soirées entre amis.

Croque-monsieur

INGRÉDIENTS (POUR 4 PERSONNES)

8 tranches de pain blanc
4 tranches de jambon blanc
4 tranches de gouda jeune
30 g de beurre
10 cl de ketchup
2 tomates
Quelques feuilles de salade mélangée
12 rondelles de concombre
1 carotte
1 cl d'huile d'olive
½ cl de vinaigre de vin

Préparation

- Poser 4 tranches de pain sur le plan de travail.
- Poser une tranche de jambon sur chaque tranche.
- Placer le fromage par-dessus.
- Couvrir avec les autres tranches de pain.
- Beurrer l'extérieur des tranches de pain.
- Râper la carotte.
- Couper les tomates en rondelles.
- Placer le croque-monsieur sur du papier cuisson sur la plaque et enfourner à 170°C pendant 10 minutes, si vous ne disposez pas d'appareil à croque-monsieur.

Finition

- Disposer la salade mélangée à un peu d'huile et de vinaigre et assaisonnée de sel et de poivre du moulin sur une grande assiette froide.
- Disposer la tomate, la carotte et le concombre autour.
- Disposer le croque au milieu.
- Servir avec du ketchup.

Crostini à la dinde et roquette

INGRÉDIENTS (POUR 4 PERSONNES)

8 tranches de pain de mie
200 g de filet de dinde fumée en tranches
1 botte de roquette
4 tranches de gouda
1 tomate

Préparation

- Laver soigneusement la roquette et égoutter dans une essoreuse à salade.
- Poser 4 tranches de pain sur le plan de travail.
- Répartir les feuilles de salade sur les tranches.
- Couvrir avec le filet de dinde.
- Couper la tomate en rondelles et répartir sur le filet de dinde.
- Couvrir avec le fromage et les autres tranches de pain.
- Rouler les crostini dans du film alimentaire et placer une heure au réfrigérateur. De cette manière les saveurs se mélangeront mieux.
- Retirer les crostini du film, faire griller au grille-pain.
- Servir avec un peu de roquette et de tomate.

Crostini au saumon et salade iceberg

INGRÉDIENTS (POUR 4 PERSONNES)

8 tranches de pain de mie
4 tranches de saumon fumé
1 morceau de mozzarella
1 tomate
1/8e de salade iceberg

Préparation

- Poser 4 tranches de pain sur le plan de travail.
- Placer le saumon fumé dessus.
- Couper la tomate en rondelles et répartir sur le saumon.
- Couper la salade iceberg en lamelles, laver et égoutter et disposer sur les tranches de tomate.
- Couvrir avec les tranches de mozzarella.
- Envelopper dans du film alimentaire pendant une heure afin de mélanger les saveurs.
- Retirer du film et faire griller au grille-pain.

Tortilla molle aux fruits de mer et guacamole

INGRÉDIENTS (POUR 4 PERSONNES)

2 tortillas molles
12 moules cuites
2 langoustines
50 g de crevettes
Quelques feuilles de salade frisée
1 avocat
½ piment
Jus d'½ citron vert
½ gousse d'ail
4 cs de yaourt
1 cs de coriandre hachée

Préparation

- Peler l'avocat et passer au mixeur avec la gousse d'ail, le piment, le jus de citron vert et la coriandre. Saler.
- Faire cuire rapidement les langoustines décortiquées dans un peu d'huile d'olive.
- Assaisonner le yaourt de sel et de poivre du moulin.
- Faire chauffer les tortillas 2 minutes au four à 160°C.
- Couper chaque tortilla en deux.
- Plier la tortilla en deux en formant un cornet.

Finition

- Fourrer le fond du cornet avec le guacamole.
- Répartir les feuilles de salade par-dessus.
- Avec une cuillère, verser les fruits de mer dans le cornet.
- Verser le yaourt sur les fruits de mer.
- Refermer le cornet avec une pique.
- Disposer les cornets côte à côte dans une assiette profonde et servir.

Détail intéressant

Au Mexique, la tortilla est une sorte de crêpe à base de pâte, alors qu'en Espagne elle est à base d'œufs et de pommes de terre. Dans les deux pays il existe de nombreuses sortes de tortillas.

Quiche aux poireaux et lard fumé

INGRÉDIENTS POUR UNE QUICHE DE 8 PERSONNES

1 feuille de pâte sablée déjà prête
3 poireaux
150 g de lard fumé de 5 mm d'épaisseur
50 cl de crème liquide
6 œufs
200 g de fromage râpé

Préparation

- Couper les poireaux lavés en rondelles.
- Faire revenir rapidement dans un peu de beurre.
- Assaisonner de sel et de poivre du moulin.
- Couper le lard en lamelles.
- Faire revenir rapidement dans un peu de beurre ou blanchir à l'eau pour réduire la teneur en graisse.
- Battre les œufs et ajouter à la crème.
- Assaisonner de sel et de poivre du moulin.
- Bien fouetter le tout.
- Bien graisser un moule et saupoudrer de farine. Tapoter pour retirer l'excédent.
- Mettre la pâte dans le moule et bien presser.
- A l'aide d'une fourchette, piquer quelques trous dans le fond pour éviter que la pâte ne gonfle à la cuisson.
- Répartir le poireau et le lard sur le fond.
- Saupoudrer de fromage.
- Verser la crème avec les œufs.
- Faire cuire au four à 180°C pendant 35 minutes environ. Contrôler si la quiche est cuite en piquant une fourchette à viande dans la préparation. En retirant la fourchette celle-ci doit être sèche, sinon la quiche n'est pas encore cuite.

Crêpes dentelle farcies de vol-au-vent en pâte à friture

INGRÉDIENTS (POUR 4 PERSONNES)

4 crêpes dentelle
2 œufs
4 cs de farine
10 cl de bière
1 cc d'huile
400 g de vol-au-vent
20 cl de sauce tomate

Pour 1 litre de sauce tomate
2 oignons
1 l de tomates passées
5 cl de vin rouge
1 branche de sauge
1 cc d'origan
2 gousses d'ail

Pour le vol-au-vent:
1 poulet de 1 kg
1 morceau de poireau
1 branche de céleri
1 oignon
1 clou de girofle
1 branche de thym
1 feuille de laurier
1 carotte
100 g de farine
100 g de beurre
250 g de champignons de Paris
Jus d'un citron

Préparation

Préparer le vol-au-vent:

- Faire un joli bouillon avec les légumes (sauf les champignons) et les herbes. Y faire cuire le poulet à feu doux jusqu'à cuisson complète. Ne pas oublier d'assaisonner de sel et de poivre du moulin.
- Entre-temps, couper les champignons en quatre et faire revenir avec la moitié du jus de citron, sel et poivre du moulin.
- Retirer le poulet du bouillon et laisser refroidir quelques instants.
- Détacher la viande des os en gros morceaux.
- Passer le bouillon à la passoire et conserver 1 litre.

- Faire fondre le beurre et ajouter la farine hors du feu. Mélanger avec une spatule. Laisser épaissir quelques instants sur le feu et ajouter le bouillon. Bien mélanger et lisser avec un fouet et laisser cuire 5 minutes. Assaisonner de sel, de poivre du moulin et d'une pincée de noix de muscade. Ajouter le jus de citron et les champignons.
- Ajouter le poulet et réchauffer quelques instants.

Préparer la sauce tomate:
- Couper finement l'oignon et l'ail.
- Faire cuire dans un peu d'huile d'olive et ajouter l'origan et la sauge.
- Mouiller au vin rouge et faire cuire encore quelques instants.
- Ajouter les tomates passées.
- Poser le couvercle sur la casserole et laisser mijoter pendant 45 minutes.
- Retirer les feuilles de sauge et passer la sauce au mixeur.
- Assaisonner d'un peu de sel et de poivre du moulin.
- Laisser refroidir.

Finir les crêpes:
- Séparer les blancs des jaunes.
- Monter les blancs en neige dans un saladier non gras.
- Mélanger les jaunes avec la bière et la farine tamisée.
- Ajouter l'huile, le sel et le poivre du moulin.
- A l'aide d'une spatule, incorporer les blancs montés en neige à la pâte.
- Poser les crêpes côte à côte sur le plan de travail.
- Répartir le vol-au-vent sur les crêpes et les rouler fermement.
- Laisser refroidir au réfrigérateur.
- Les tremper délicatement dans la pâte et les plonger immédiatement dans l'huile à 180°C.
- Laisser frire jusqu'à ce qu'elles remontent à la surface.

Finition

- Servir sur une grande assiette chaude décorée d'une ligne de sauce tomate tiède.

Détail intéressant

Dans la cuisine traditionnelle, ce plat s'appelle cromesqui.

2.

Apéritif

Bruschetta au jambon de Parme, tomate et basilic

INGRÉDIENTS (POUR 4 PERSONNES)

1 ciabatta
4 tomates
1 gousse d'ail
8 tranches de jambon de Parme
8 feuilles de basilic
4 échalotes
4 cl d'huile d'olive extra vierge

Préparation

- Couper la ciabatta en tranches de 3 cm environ.
- Faire griller sous le grill ou au four.
- Eplucher les tomates en les trempant dans l'eau bouillante pendant 10 secondes, puis en les passant immédiatement sous l'eau froide.
- Couper en quatre et épépiner.
- Couper en petits dés.
- Couper l'ail et les échalotes très finement.
- Couper finement les feuilles de basilic.
- Bien mélanger la tomate, l'échalote, l'ail, le basilic, l'huile d'olive, le poivre du moulin et le sel.

Finition

- A l'aide d'une cuillère, verser le mélange sur les tranches de pain grillé.
- Plier les tranches de jambon de Parme légèrement afin de former un éventail.
- Placer la bruschetta sur une assiette recouverte de papier dentelle.

Melon au jambon de Parme

INGRÉDIENTS (POUR 4 PERSONNES)

16 tranches de jambon de Parme
2 melons
8 cl de porto
4 fraises

Préparation

- Peler les melons.
- Couper en deux parties égales et épépiner.
- Disposer les tranches de jambon sur une grande assiette.
- Placer le melon au milieu.
- Ajouter du porto dans chaque moitié de melon.
- Décorer avec les fraises.

Samoussas au poulet et germes de soja

INGRÉDIENTS (POUR 4 PERSONNES)

16 petites feuilles à nems
100 g de filet de poulet
1 carotte
100 g de germes de soja
1 cc de sauce hoisin
10 cl de sauce chili thaï
1 cs de coriandre hachée
1 racine de gingembre

Préparation

- Couper le poulet très finement.
- Eplucher la carotte et le gingembre et couper en lamelles très fines.
- Couper les germes de soja en morceaux plus petits.
- Mélanger le tout avec la coriandre et la sauce hoisin.
- Poser les feuilles à nems côte à côte sur le plan de travail.
- Répartir la farce en petits rouleaux au centre des feuilles.
- Rouler en diagonale. Bien étirer pour lisser et plier les angles vers l'intérieur. Enfin, rouler pour confectionner un cigare ferme.
- Chauffer un peu d'huile au wok et frire les samoussas.
- Vous pouvez également les plier en triangles. Dans ce cas, utilisez un peu de maïzena délayée comme liant.

Finition

- Servir sur une assiette recouverte de papier dentelle.
- Verser la sauce dans des ramequins.

Détail intéressant

La sauce hoisin est une sauce chinoise légèrement piquante composée de graines de soja, d'ail et de piment.

Rouleaux de printemps au thon

INGRÉDIENTS (POUR 4 PERSONNES)

8 feuilles de brick
200 g de thon
1 carotte
1 racine de gingembre
Quelques branches de coriandre
100 g de germes de soja
1 oignon rouge
2 cs de sauce chili thaï
1 cs de sauce hoisin

Préparation

- Eplucher la racine de gingembre et la carotte et couper en rondelles puis en fines lamelles.
- Eplucher l'oignon et couper également en très fines lamelles.
- Hacher grossièrement la coriandre.
- Mélanger tous les légumes.
- Couper le thon en 8 morceaux rectangulaires égaux et assaisonner de sel et de poivre du moulin.
- Ouvrir les feuilles de brick sur le plan de travail.
- Enduire de sauce hoisin.
- Placer le thon sur la sauce et répartir les légumes sur le thon.
- Rouler les feuilles fermement.
- Faire frire à 180°C jusqu'à ce que ce soit croustillant.

Finition

- Servir sur une assiette couverte de papier dentelle et disposer au milieu un petit pot de sauce piquante.

Cocktail aux crevettes

INGRÉDIENTS (POUR 4 PERSONNES)

¼ de laitue
200 g de crevettes grises
1 tomate
2 œufs durs
1 citron
4 cs de mayonnaise
2 cs de ketchup
2 cl de cognac
1 pincée de poivre de Cayenne
1 cs de persil haché

Préparation

- A l'aide d'un couteau aiguisé, couper la salade lavée et séchée en lamelles.
- Tremper les tomates dans l'eau bouillante, puis les passer sous l'eau froide.
- Retirer la peau et couper en quatre.
- Couper le citron en quartiers.
- Faire une incision de 2 cm dans la peau.
- Mélanger la mayonnaise, le ketchup, le cognac et le poivre de Cayenne.

Finition

- Remplir des verres à cocktail avec la salade.
- Répartir les crevettes dans les verres.
- Y disposer les quartiers de tomates et d'œufs.
- Arroser les crevettes de sauce cocktail.
- Planter le citron sur le bord du verre.
- Parsemer de persil haché.
- Poser sur une petite assiette couverte de papier dentelle.
- Servir avec du pain blanc.

3.

Salades

Caprese

INGRÉDIENTS (POUR 4 PERSONNES)

4 petites mozzarellas
4 tomates prunes
12 feuilles de basilic
8 cs d'huile extra vierge
16 olives noires dénoyautées

Préparation

- Couper les tomates prunes en tranches fines.
- Couper également la mozzarella en tranches fines.
- Hacher le basilic.

Finition

- Disposer en alternance les tranches de tomates et de mozzarella sur une grande assiette froide.
- Répartir le basilic par-dessus.
- Assaisonner de beaucoup de poivre du moulin et d'un peu de fleur de sel.
- Arroser abondamment d'huile d'olive.
- Parsemer librement la composition d'olives.

Détail intéressant

La meilleure mozzarella est la mozzarella à base de lait de bufflonne. Elle est deux fois plus chère que la mozzarella industrielle, mais le prix est largement compensé par son goût supérieur.
A cause de sa texture filandreuse, elle est plus délicate à couper.

Salade aux pommes, langoustines et lard

INGRÉDIENTS (POUR 4 PERSONNES)

Quelques feuilles de salade mélangée
24 langoustines 16/20
200 g de lard fumé de 5 mm d'épaisseur
8 cs de vinaigrette
2 pommes golden
4 branches de persil plat
2 tranches de pain blanc

Préparation

- Couper le pain en dés et cuire dans un peu de beurre pour les rendre croustillants.
- Laisser égoutter sur du papier absorbant et conserver dans une boîte fermée.
- Peler les pommes, couper en quartiers, retirer le cœur et couper en morceaux plus petits. Cuire très brièvement dans du beurre.
- Couper le lard en dés et frire dans de la graisse jusqu'à ce qu'il soit croustillant.
- Décortiquer les langoustines, faire une incision dans le dos, retirer l'intestin en frottant avec un peu de papier absorbant.
- Frire dans un peu d'huile chaude juste avant de servir, assaisonner de sel et de poivre du moulin.

Finition

- Ajouter la vinaigrette à la salade.
- Disposer sur une grande assiette froide.
- Placer les langoustines autour.
- Répartir les morceaux de pomme entre les langoustines.
- Ajouter les croûtons sur la salade.

Salade au chèvre chaud

INGRÉDIENTS (POUR 4 PERSONNES)

4 fromages de chèvre de 100 g
2 poires
1 cs de sirop liégeois
Quelques feuilles de salade mélangée
4 tranches de pain blanc
8 petits radis
2 cl d'huile d'olive
1 cl de vinaigre de vin à la framboise
20 g de beurre
2 cs de miel
1 cc de lavande
1 cs de sucre en poudre

Préparation

- Peler les poires, couper en quartiers et retirer le cœur.
- Couper les poires en dés et faire revenir quelques instants dans un peu de beurre.
- Saupoudrer de sucre et laisser caraméliser sous le grill.
- Faire griller le pain au grille-pain ou sous le grill.
- Couper les radis en fines lamelles.
- Saupoudrer les fromages de chèvre de fleurs de lavande et arroser de miel et de sirop liégeois. Poivrer énergiquement avec le moulin.
- Passer les fromages sous le grill juste avant de servir.
- Faire briller la salade avec l'huile et le vinaigre de vin. Assaisonner de sel et de poivre du moulin.

Finition

- Avec une cuillère, verser les poires tièdes dans une grande assiette creuse. Couvrir avec le pain grillé.
- Disposer les fromages de chèvre chauds sur le pain grillé.
- Disposer la salade à côté.
- Parsemer la salade de lamelles de radis.

Salade César au poulet grillé

INGRÉDIENTS (POUR 4 PERSONNES)

600 g de filets de volaille
1 salade romaine
1 botte de roquette
200 g de parmesan
2 tranches de pain
8 cs de vinaigrette
50 g de roquefort

Préparation

- Nettoyer et laver soigneusement la salade. Essorer et couper en lamelles.
- Faire la même chose avec la roquette, mais la laisser entière.
- Couper les tranches de pain en dés et faire griller au four ou faire revenir dans un peu d'huile jusqu'à ce que le pain soit doré.
- Mélanger la vinaigrette avec le roquefort.
- Couper le poulet en tranches et faire griller sous le grill.

Finition

- Mélanger la salade et la roquette et faire briller avec un peu d'huile d'olive et de vinaigre. Assaisonner de sel et de poivre du moulin.
- Disposer la roquette dans une grande assiette creuse.
- Y disposer les tranches de poulet et, à l'aide d'une cuillère, verser la sauce au roquefort sur le poulet.
- Parsemer de croûtons.
- Enfin, rajouter généreusement des lamelles de parmesan.

Tomates aux crevettes

INGRÉDIENTS (POUR 4 PERSONNES)

4 tomates B
200 g de crevettes grises
4 cs de mayonnaise
4 œufs durs
12 feuilles de laitue
4 quartiers de citron
4 branches de persil

Préparation

- Découper un chapeau sur les tomates.
- Retirer les pépins. Retourner les tomates et laisser égoutter sur du papier absorbant.
- Mélanger les crevettes avec 2 cuillères à soupe de mayonnaise, saler et poivrer.
- Farcir les tomates avec les crevettes.
- Enfoncer le chapeau sur les tomates en laissant les bords remonter.
- Terminer en ajoutant un soupçon de mayonnaise.

Finition

- Disposer la salade sur de grandes assiettes froides.
- Placer la tomate au centre.
- Couper chaque œuf en six morceaux et disposer autour des tomates.
- A la cuillère, disposer autour un peu de mayonnaise et décorer avec le citron et le persil.
- Servir avec des frites fraîches et croustillantes.

Détail intéressant

Les meilleures crevettes grises proviennent de Belgique. Leur goût si subtil provient du fait qu'elles sont décortiquées à la main et ne subissent pas de traitement de conservation au sel. L'inconvénient est

qu'elles restent fraîches très peu de temps.
Pour certains, une tomate aux crevettes non pelée est un sacrilège, pour les autres, c'est le contraire. Les tomates B ne sont pas une indication de qualité mais de taille.

4.

Plats

Hamburger aux rondelles d'oignons frites

INGRÉDIENTS (POUR 4 PERSONNES)

4 steaks de 250 g
2 oignons espagnols
2 tomates
4 tranches de cheddar
20 cl de lait
4 cs de farine
1/8e de salade iceberg
2 cornichons
4 petits pains

Préparation

- Hacher les steaks sur une planche avec un gros couteau de cuisine.
- Assaisonner de sel et de poivre du moulin.
- Confectionner 4 beaux steaks hachés et conserver au réfrigérateur.
- Couper la salade iceberg en fines lamelles, laver et essorer.
- Couper les tomates et les cornichons en rondelles.
- Eplucher les oignons et couper également en rondelles.
- Assaisonner le lait de sel et de poivre du moulin.
- Laisser tremper les rondelles d'oignon dans le lait pendant un quart d'heure.
- Retirer du lait et rouler dans la farine.
- Faire frire dans la friteuse à 180°C juste avant de servir.
- Faire cuire les steaks hachés au beurre selon les préférences de vos invités.
- Couper les petits pains en deux.

Finition

- Placer la partie inférieure du pain sur une grande assiette.
- Placer le steak haché dessus.
- Disposer les rondelles de cornichon sur le steak haché et

par-dessus le fromage.

- Finir avec les rondelles d'oignons frites.
- Couvrir avec la partie supérieure du petit pain.
- Composer à côté du hamburger une petite salade d'iceberg et tomate.

Détail intéressant

Selon la loi le steak haché est composé uniquement de bœuf.
Comme cela donne des steaks assez secs, certains mettent dans leurs steaks hachés un mélange de viandes hachées. Cela rend les steaks hachés plus juteux, mais il faut alors les faire bien cuire. Lorsque vous les faites à partir de steaks, vous êtes sûr de servir du bœuf et tout aussi sûr de la qualité de votre steak haché.
Chez nous il n'est pas courant de manger les steaks hachés saignants, tandis qu'aux Etats-Unis c'est tout à fait normal.

Cheeseburger

INGRÉDIENTS (POUR 4 PERSONNES)

4 petits pains
4 steaks hachés de bœuf
4 tranches de cheddar
8 rondelles de cornichons
4 rondelles de tomates
4 cs de ketchup

Préparation

- Couper les petits pains en deux et chauffer au four.
- Cuire les steaks à la poêle dans du beurre.
- Disposer les steaks cuits sur la moitié inférieure des petits pains.
- Déposer par-dessus les rondelles de cornichons et de tomates.
- A l'aide d'une cuillère, verser le ketchup.
- Couvrir avec les tranches de cheddar et immédiatement avec la partie supérieure du petit pain, afin que le fromage fonde grâce à la chaleur du steak.

Finition

- Servir sur une assiette avec des frites et une salade iceberg, tomates et vinaigrette.

Chickenburger

INGRÉDIENTS (POUR 4 PERSONNES)

500 g de filets de poulet
Curry en poudre
1 tomate
4 petits pains
2 cs de chapelure
1 œuf
Quelques feuilles de salade iceberg
4 cs de vinaigrette Thousand Islands
4 petites tranches d'ananas

Préparation

- Couper les filets de poulet en 4 tranches minces.
- Assaisonner de sel, de poivre du moulin et de curry en poudre.
- Battre l'œuf et tremper les filets de poulet dedans.
- Tremper dans la chapelure.
- Frire les filets de poulet dans l'huile à 170°C.

Finition

- Couper et ouvrir les petits pains.
- Les réchauffer quelques instants au four.
- Disposer par-dessus quelques feuilles de salade et tranches de tomates.
- Couvrir avec les filets de poulet.
- Placer ensuite les tranches d'ananas.
- Arroser les ananas avec la vinaigrette.
- Refermer les petits pains.

Tacos aux lamelles de dinde et poivrons

INGRÉDIENTS (POUR 4 PERSONNES)

8 tacos
2 oignons
500 g de filets de dinde
1/8e de salade iceberg
1 poivron rouge
2 tomates
1 gousse d'ail
1 piment
2 échalotes
1 cc de coriandre hachée
2 cl d'huile d'olive
0,5 cl de vinaigre de vin rouge
1 cc de paprika en poudre

Préparation

- Eplucher les tomates en les trempant dans l'eau bouillante et en les passant sous l'eau froide. La peau se retirera facilement.
- Couper en quatre et épépiner. Couper en petits dés.
- Eplucher les échalotes et l'ail et couper également très finement.
- Ajouter les tomates, la coriandre, l'huile d'olive, le vinaigre de vin et le piment haché. Assaisonner de gros sel de mer. Conserver au frais.
- Couper la viande de dinde en fines lamelles.
- Eplucher les oignons et couper également en lamelles.
- Epépiner le poivron et couper aussi en lamelles.
- Faire cuire la dinde avec l'oignon et le poivron dans de l'huile chaude jusqu'à ce que la viande soit juteuse et croustillante.
- Assaisonner de sel, de poivre du moulin et de paprika.
- Laver la salade iceberg et couper également en lamelles.
- Chauffer les tacos rapidement au four.

Finition

- A l'aide d'une cuillère, verser la préparation aux tomates dans les tacos. Disposer les lamelles de salade iceberg dessus.
- Répartir les morceaux de dinde sur les tacos.

Boulettes sauce tomate

INGRÉDIENTS (POUR 4 PERSONNES)

800 g de viande hachée
1 oignon
250 g de champignons de Paris
½ l de tomates passées
1 cc de purée de tomates
1 gousse d'ail
2 feuilles de céleri vert
5 cl de madère
2 cs de farine
1 feuille de laurier
1 branche de thym

Préparation

- Rouler des boulettes de viande de 3 à 5 cm de diamètre.
- Remplir d'eau une casserole et porter à ébullition.
- Faire cuire les boulettes dans l'eau.
- Couper l'oignon, l'ail, le céleri et les champignons en fines lamelles et faire cuire dans un peu de beurre.
- Ajouter la purée de tomates et faire cuire.
- Ajouter la farine et laisser épaissir.
- Mouiller avec 20 cl de jus de cuisson de la viande et le madère et ajouter les tomates passées.
- Assaisonner de sel, poivre du moulin, laurier et thym.
- A couvercle fermé, laisser mijoter pendant une heure.
- Retirer le thym et le laurier de la sauce et lier éventuellement avec de la maïzena.
- Ajouter les boulettes à la sauce et faire chauffer.
- Assaisonner éventuellement de sel et de poivre du moulin.
- Servir avec une purée de pommes de terre, des frites, du riz ou des pâtes.

Tortilla et chili con carne

INGRÉDIENTS (POUR 4 PERSONNES)

500 g de viande hachée
100 g de lard fumé
600 g de haricots rouges
50 cl de tomates passées
1 oignon
10 cl de vin rouge
1 gousse d'ail
1 feuille de laurier
1 branche de thym
1 piment
12 petites tortillas douces
10 cl de yaourt
1 cc de purée d'ail
1 pincée de cumin moulu

Préparation

- La veille, faire tremper les haricots et conserver au réfrigérateur.
- Les égoutter le lendemain, bien rincer et faire cuire dans de l'eau salée.
- Egoutter quand ils sont cuits et réserver au réfrigérateur.
- Eplucher l'oignon et l'ail et couper finement.
- Faire suer l'oignon et l'ail dans de l'huile d'olive.
- Ajouter le lard fumé coupé en dés, et faire cuire le tout.
- Ajouter la viande hachée en l'écrasant et laisser se défaire.
- Mouiller au vin rouge et ajouter les tomates passées.
- Ajouter le thym, le laurier et le piment coupé en deux.
- Laisser mijoter jusqu'à cuisson complète, couvercle fermé.
- Lier éventuellement la sauce et ajouter les haricots rouges.
- Faire chauffer à feu doux et retirer les herbes.
- Entre-temps, mélanger le yaourt, la purée d'ail et le cumin moulu.
- Chauffer les tortillas quelques instants au four à 150°C.

Finition

- A l'aide d'une cuillère, verser le chili con carne dans des pots individuels.

- Egalement avec une cuillère, dessiner quelques lignes de sauce au yaourt sur le chili.
- Servir les tortillas séparément sur une assiette.

Détail intéressant

Vous devez toujours faire tremper les haricots secs au réfrigérateur, car sinon l'amidon peut fermenter au contact de l'eau.
Si vous utilisez des haricots en boîte, vous devez les rincer et les ajouter en fin de la cuisson.
Eventuellement farcir les tortillas avec de la salade iceberg coupée finement et avec du guacamole.

Fish and chips au tartare

INGRÉDIENTS (POUR 4 PERSONNES)

500 g de filets d'aiglefin
4 grosses pommes de terre à frites
6 cs de mayonnaise
2 petits cornichons
1 œuf dur
1 cc de persil haché
1 cc de câpres
1 cc de petits oignons
3 œufs
6 cs de farine
20 cl de bière
1 cl d'huile

Préparation

- Couper l'aiglefin en quatre portions égales.
- Séparer les blancs d'œufs des jaunes et monter les blancs en neige.
- Mélanger les jaunes, la farine et la bière jusqu'à l'obtention d'un liquide homogène.
- A l'aide d'une spatule, incorporer le blanc au mélange et ajouter l'huile, le sel et le poivre.
- Mélanger la mayonnaise avec le persil haché, l'œuf dur écrasé, les cornichons et les petits oignons coupés finement ainsi que les câpres. Assaisonner.
- Couper les pommes de terre épluchées en forme de frites. Préparer de façon classique : les faire d'abord frire à 160°C puis juste avant de servir à 180°C pour les rendre croustillantes.
- Plonger les filets de poisson dans la pâte à la bière puis dans la friture à 180°C jusqu'à ce que les poissons émergent.
- Egoutter sur du papier absorbant.

Finition

- Mettre les frites dans une grande assiette chaude.
- Disposer les filets de poisson à côté. Servir la sauce à part.

Pita avec coleslaw et sauce à l'ail

INGRÉDIENTS POUR 4 PITAS

4 pains pita
1/8e de chou rouge
1 cc de cumin
500 g de viande pita assaisonnée
6 cs de yaourt grec
2 gousses d'ail
1/8e de salade iceberg

Préparation

- Couper le chou rouge en fines lamelles. Assaisonner de sel et de cumin.
- Laisser mariner une nuit au réfrigérateur.
- Mélanger le yaourt et l'ail coupé finement et assaisonner de sel et de poivre du moulin.
- Couper la salade iceberg en fines rondelles.
- Faire cuire et brunir la viande dans une poêle.
- Réchauffer les pains pita au four.

Finition

- Couper un huitième d'un pain pita.
- Ouvrir le petit pain et fourrer de salade, de chou et de sauce.
- Répéter jusqu'à ce que le petit pain soit complètement rempli.
- Servir éventuellement un peu de sauce à l'ail à côté.

Pita végétarienne

INGRÉDIENTS (POUR 4 PERSONNES)

4 pains pita
1 carotte
Quelques feuilles de salade iceberg
1 tomate
2 cs de grains de maïs cuit
4 cs de mayonnaise de soja
4 cs de crème soja
1 racine de gingembre
1 gousse d'ail
400 g de quorn moulu et sauté
2 cs de sauce soja douce
1/10e de chou rouge
4 cl d'huile d'olive
2 cl de vinaigre de vin rouge

Préparation

- Couper le chou rouge en fines lamelles. Y verser le vinaigre de vin rouge et l'huile d'olive. Assaisonner de sel et de poivre du moulin. Laisser mariner quelques heures au réfrigérateur.
- Couper la tomate en deux, retirer le vert et couper en rondelles.
- Eplucher la carotte et la râper.
- Mélanger la mayonnaise avec la crème.
- Peler grossièrement le gingembre et couper en petits dés. Plonger dans l'eau, porter à ébullition et laisser refroidir. Mélanger avec la mayonnaise.
- Couper la salade iceberg en fines lamelles.
- Faire dorer le quorn haché dans une poêle.
- Ajouter la sauce soja sucrée.

Finition

- Chauffer le petit pain quelques instants au four et couper 1/8e.
- Farcir avec les différents légumes.
- Ajouter le quorn haché en dernier.
- Répartir la sauce sur le quorn.

Détail intéressant

Le quorn est un substitut de viande à base de champignons. Les vrais végétariens ne le mangent pas très souvent parce que c'est un produit trop travaillé selon eux.

C'est en tous cas un produit allégé et anti-cholestérol.

Galettes au jambon, petits pois et champignons

INGRÉDIENTS (POUR 4 PERSONNES)

4 galettes
200 g de jambon cuit en tranches de 5 mm
150 g de petits pois
250 g de champignons de Paris
1 oignon
10 cl de lait
10 g de beurre
10 g de farine
5 cl de porto
10 cl de crème liquide
1 cs de persil haché

Préparation

- Couper le jambon en petits dés.
- Faire une béchamel traditionnelle avec le beurre, la farine et le lait.
- Faire cuire les petits pois très rapidement dans de l'eau salée et refroidir sous l'eau froide, de sorte qu'ils restent bien verts.
- Couper les champignons en tranches. Faire cuire la moitié dans un peu de beurre avec l'oignon finement coupé.
- Ajouter le tout à la sauce béchamel.
- Entre-temps, faire cuire le restant des champignons dans un peu de beurre, assaisonner de sel et de poivre du moulin. Mouiller au porto et à la crème et laisser réduire.
- Farcir les galettes avec la farce et les rouler fermement.
- Les disposer sur un plat beurré et placer 10 minutes au four à 150°C juste avant de servir.

Finition

- Disposer une galette sur une grande assiette chaude.
- A l'aide d'une cuillère, verser la sauce sur la galette.
- Saupoudrer de persil haché.

Soupe aux pois secs et jambonneau

INGRÉDIENTS (POUR 4 PERSONNES)

1 morceau de poireau
2 oignons
1 jambonneau
40 g de pois secs
1 l de bouillon de volaille
20 g de beurre
1 feuille de laurier
1 branche de thym

Préparation

- La veille, mettre les pois secs à tremper dans de l'eau froide.
- Egoutter et rincer plusieurs fois.
- Faire cuire à point dans l'eau salée.
- Entre-temps, couper finement le poireau lavé et les oignons.
- Faire revenir dans un peu de beurre et mouiller avec le bouillon de volaille.
- Ajouter le jambonneau, le thym et le laurier.
- Faire revenir à feu doux, couvercle fermé, jusqu'à cuisson complète du jambonneau. Compter 1 heure.
- Retirer le jambonneau et laisser refroidir quelques instants.
- Détacher la viande de l'os en gros morceaux.
- Ajouter les pois à la soupe, bien mélanger avec un mixeur, en ayant auparavant retiré le thym et le laurier.
- Assaisonner.

Finition

- Répartir les pièces de jambonneau sur des assiettes creuses chaudes.
- Une fois à table, servir la soupe par-dessus.
- Servir avec de grandes tranches de pain blanc et pain complet.
- Osez remplacer le beurre du pain par du saindoux. Pour une fois, votre niveau de cholestérol ne s'en offusquera pas.

Soupe à l'oignon et croûtons au fromage

INGRÉDIENTS (POUR 4 PERSONNES)

2 kg d'oignons espagnols
1 cs de farine
1,5 l de bouillon de volaille
4 tranches de pain blanc
100 g de fromage râpé
1 gousse d'ail
10 g de beurre
1 feuille de laurier
1 branche de thym

Préparation

- Eplucher les oignons et l'ail et couper très finement.
- Faire légèrement colorer le beurre dans une casserole.
- Ajouter les 4/5 des oignons et laisser légèrement colorer.
- Saupoudrer la farine et lier.
- Ajouter le bouillon de volaille, le thym et le laurier, couvrir et laisser revenir jusqu'à cuisson complète de l'oignon. Retirer le thym et le laurier.
- Mixer la soupe au mixeur. Saler et poivrer.
- Entre-temps, cuire l'oignon restant dans un peu de beurre.
- Assaisonner de sel et de poivre du moulin.
- Laisser refroidir et incorporer le fromage.
- Entre-temps, découper des rondelles dans le pain en se servant d'un petit verre.
- Etaler la purée d'oignons sur les toasts et faire dorer sous le grill.

Finition

- Servir la soupe dans de grands bols à soupe.
- Servir les croûtons au fromage à part sur une petite assiette décorée de papier dentelle ou d'une serviette.

Pâte à pizza

INGRÉDIENTS POUR 2 PIZZAS

15 cl d'eau
300 g de farine
Une pincée de sel
20 g de levure fraîche
4 cs d'huile d'olive
1 cs de farine supplémentaire pour le pétrissage
1 cs de semoule

Préparation

- Verser la farine en fontaine sur le plan de travail.
- Saupoudrer le sel sur les bords.
- Verser l'eau légèrement tiède au milieu.
- Verser l'huile d'olive dans l'eau et y émietter la levure.
- Délayer la levure.
- Mélanger la farine avec l'eau à la main en partant du milieu. Continuer jusqu'à ce que toute la farine soit mélangée à l'eau.
- Saupoudrer le plan de travail d'un peu de farine.
- Laisser lever 30 minutes sous un torchon dans un endroit tiède.
- Retirer le torchon et aplatir la pâte.
- Répartir en deux portions et confectionner deux boules.
- Laisser reposer de nouveau sous un torchon pendant 15 minutes.
- Saupoudrer le plan de travail de semoule.
- Y placer une boule de pâte.
- Etaler avec le bout des doigts pour former un disque.
- Maintenant, avec la paume de la main, presser de sorte que le gaz et l'air sortent de la pâte, et former un grand disque plat et rond.
- Eventuellement, lancer la pâte plusieurs fois en l'air en la faisant tourner. Cela a un effet spectaculaire, mais permet également d'enlever toutes les bulles de gaz de la pâte.
- Le fond de pizza est prêt à être couvert.

Sauce tomate pour pizza

INGRÉDIENTS POUR 1 LITRE DE SAUCE TOMATE

2 oignons
1 l de tomates passées
5 cl de vin rouge
1 branche de sauge
1 cc d'origan
2 gousses d'ail

Préparation

- Couper finement l'oignon et l'ail.
- Faire cuire dans un peu d'huile d'olive et ajouter l'origan et la sauge.
- Mouiller au vin rouge et faire cuire encore quelques instants.
- Ajouter les tomates passées.
- Poser le couvercle sur la casserole et laisser mijoter pendant 45 minutes.
- Retirer les feuilles de sauge et passer la sauce au mixeur.
- Assaisonner d'un peu de sel et de poivre du moulin.
- Laisser refroidir. Ne jamais utiliser une sauce chaude pour le fond de pizza, sinon ce ne sera pas croustillant.

Détail intéressant

Pour une pizza de taille moyenne vous aurez besoin de 15 cl de sauce. Il est donc préférable de congeler la sauce en portions.
La sauce tomate pour pizza n'est jamais fortement relevée, le goût venant de la garniture que vous y mettrez.

Pizza margherita, la pizza de base

INGRÉDIENTS POUR 1 PIZZA

1 portion de pâte à pizza
15 cl de sauce
300 g de mozzarella pour pizza
6 feuilles de basilic
Un filet d'huile d'olive

Préparation

- Etendre la pâte comme décrit dans la recette pour pâte à pizza.
- A l'aide d'une louche, verser la sauce au milieu de la pâte.
- Etaler avec la face bombée de la louche jusqu'au bord de la pâte.
- Couper le basilic en fines lamelles et en parsemer la sauce.
- Emietter le fromage par-dessus.
- Glisser la pizza sur la plaque du four et faire cuire pendant 6 à 10 minutes à 200°C.
- Retirer la pizza du four et disposer sur un plat à pizza.
- Arroser d'un peu d'huile d'olive. Ce sera encore meilleur si vous laissez mariner pendant quelques semaines quelques petits piments dans l'huile d'olive.

Pizza comme le chef adore

INGRÉDIENTS POUR 1 PIZZA

1 portion de pâte à pizza
15 cl de sauce
300 g de mozzarella pour pizza
8 filets d'anchois
12 olives noires
Un filet d'huile d'olive
1 cs de semoule

Préparation

- Saupoudrer le plan de travail de semoule.
- Etendre la pâte à pizza à la main pour former un cercle régulier d'une épaisseur de 3 à 4 mm.
- Répartir la sauce sur la pâte jusqu'à 1 cm du bord.
- Parsemer la sauce de mozzarelle.
- Répartir régulièrement les anchois et les olives sur la sauce.
- Faire cuire au four pendant 5 minutes.
- Arroser la pizza d'huile d'olive.

Détail intéressant

Dans la plupart des pizzerias, cette pizza est proposée sous le nom de pizza siciliana. C'est que la Sicile est très connue pour ses conserves de poisson, notamment d'anchois.

Pizza calzone

INGRÉDIENTS POUR 1 PIZZA

1 portion de pâte à pizza
15 cl de sauce tomate
300 g de mozzarella
1 tranche de jambon blanc
100 g de champignons de Paris
½ cc d'origan
1 cs de semoule

Préparation

- Saupoudrer le plan de travail de semoule.
- Etendre la pâte à pizza à la main.
- Répartir 10 cl de sauce sur le fond jusqu'à 1,5 cm du bord.
- Répartir le fromage sur la sauce.
- Couper le jambon en lamelles et répartir sur le fromage.
- Parsemer la pizza d'origan.
- Couper les champignons en tranches et répartir également sur la pizza.
- Plier la pizza en chausson.
- Bien presser les bords et placer sur la plaque.
- A l'aide d'une cuillère, verser un peu de sauce sur la pizza et faire cuire au four à 200°C.
- Retirer la pizza du four et arroser d'huile d'olive piquante.

Bami au poulet

INGRÉDIENTS (POUR 4 PERSONNES)

600 g de filets de volaille
1 blanc de poireau
10 g de shiitaké
1 carotte
1 oignon rouge
400 g de grosses nouilles
4 cs de sauce soja douce
4 cs de sauce soja salée
4 cs de sauce chili thaï
4 jeunes épis de maïs
1 poivron rouge
2 cc d'huile de sésame
1 cc de curry rouge
3 cl de sauce aux huîtres

Préparation

- Couper les légumes lavés en lamelles.
- Couper également le blanc de poulet en lamelles et faire mariner dans le curry rouge et la sauce aux huîtres.
- Faire cuire les nouilles.
- Au wok, faire dorer le blanc de poulet dans l'huile de sésame.
- Ajouter les légumes et cuire brièvement. Mouiller avec les deux sauces soja, la sauce chili thaï et 10 cl d'eau.
- Porter à ébullition et lier avec un peu de maïzena. Réchauffer les nouilles à feu doux dans la sauce.

Finition

- Servir dans des bols à soupe et déguster avec des baguettes. Ambiance assurée !

Nasi au poulet

INGRÉDIENTS (POUR 4 PERSONNES)

320 g de riz
1 poireau
1 oignon
1 poivron rouge
1 carotte
4 jeunes épis de maïs
100 g de shiitaké
1 courgette
600 g de filets de volaille
1 gousse d'ail
1 cc de curry vert
1 cc d'huile de sésame

Préparation

- Faire cuire le riz dans de l'eau salée et égoutter éventuellement l'eau résiduelle. Rincer rapidement le riz.
- Couper tous les légumes en fines lamelles.
- Couper le filet de volaille en fines lamelles et faire brièvement mariner dans un peu d'huile de sésame et de curry vert. Chauffer le wok et y faire cuire rapidement les lamelles de volaille. Saler.
- Ajouter les légumes et faire revenir le tout.
- Retirer tous les ingrédients du wok et ajouter un peu d'huile de sésame. Réchauffer le riz très rapidement à feu vif.
- Ajouter le reste des ingrédients et réchauffer encore quelques instants.

Finition

- Servir dans le wok.

Détail intéressant

Le nasi, tout comme le bami, n'est pas un plat traditionnel, mais un plat adapté aux convives occidentaux des restaurants orientaux.
Eventuellement, utiliser du riz basmati au lieu du riz long grain traditionnel. Le riz basmati a un grain plus petit ainsi qu'un goût plus prononcé.

Kottbular

INGRÉDIENTS (POUR 4 PERSONNES)

550 g de viande de bœuf hachée
250 g de viande d'élan hachée
1 cc de cassonade
2 oignons
5 cl d'aquavit
10 cl de crème liquide
5 cl de bouillon brun
200 g d'airelles
150 g de sucre en poudre
1 pincée de cumin moulu
30 g de beurre

Préparation

- Couper très finement l'oignon épluché et faire revenir quelques instants dans un peu de beurre.
- Laisser refroidir et mixer le tout très finement.
- Mélanger la viande hachée avec la purée d'oignon, le cumin moulu et la cassonade. Assaisonner de sel et de poivre du moulin.
- Rouler en petites boulettes.
- Faire dorer dans du beurre.
- Laisser égoutter l'excédent de graisse et flamber les boulettes à l'aquavit.
- Mouiller au bouillon brun et à la crème.
- Laisser mijoter jusqu'à ce que les boulettes soient cuites.
- Eventuellement, lier la sauce à la maïzena.
- Entre-temps, porter à ébullition les airelles avec le sucre et faire cuire à feu doux. Egoutter l'excédent de jus. Rajouter éventuellement du sucre.

Finition

- Répartir les boulettes et la sauce sur une grande assiette chaude.
- Servir les airelles en accompagnement.

Détail intéressant

Nous avons découvert ce plat traditionnel suédois en faisant du shopping chez Ikea.

Bien sûr, trouver de la viande hachée d'élan n'est pas évident. Cependant vous pourrez en trouver, à condition de la commander à l'avance, chez votre marchand de volaille.

Les airelles ressemblent aux canneberges mais sont beaucoup plus petites et délicieuses. On les trouve uniquement en automne, mais on peut les congeler ou les acheter congelées.

Côtelettes flamandes

INGRÉDIENTS (POUR 4 PERSONNES)

800 g de côtelettes de bœuf
2 oignons
1 cs de farine
1 l de bière brune
1 feuille de laurier
1 branche de thym
1 cs de moutarde
1 tranche de pain blanc sans croûte
25 g de beurre

Préparation

- Faire légèrement brunir le beurre dans une poêle de préférence en fonte.
- Ajouter les côtelettes et laisser joliment brunir.
- A cet instant, assaisonner de sel et de poivre du moulin.
- Saupoudrer la farine et laisser également colorer.
- Mettre les côtelettes dans un saladier.
- Mouiller avec la bière et bien déglacer.
- Rajouter les côtelettes.
- Ajouter le thym et le laurier, ainsi qu'éventuellement un peu d'eau, ou mieux, un peu de bouillon brun.
- Enduire le pain de moutarde et tremper dans la sauce, la face enduite vers le bas.
- Laisser mijoter couvercle fermé, jusqu'à cuisson complète de la viande (compter environ 2 heures, selon la qualité de la viande).
- Lier éventuellement la sauce avec un peu de maïzena, diluée dans de l'eau froide.

Finition

- Retirer le thym et le laurier. Servir dans des petits plats, et placer sur la table. Vos invités seront ravis de se servir eux-mêmes.
- Servir avec des frites belges typiques et de la mayonnaise.

Détail intéressant

Les côtelettes de bœuf sont en général des pièces du collier ou de parties moins tendres de l'épaule ou des fesses.
Ces morceaux ont une texture musculaire très ferme et demandent une longue cuisson, ce qui est un peu contradictoire avec l'esprit de ce livre.
La meilleure solution sera de les préparer la veille.

Vol-au-vent

INGRÉDIENTS (POUR 4 PERSONNES)

1 poulet de 1 kg
1 morceau de poireau
1 branche de céleri
1 oignon
1 clou de girofle
1 branche de thym
1 feuille de laurier
1 carotte
100 g de farine
100 g de beurre
250 g de champignons de Paris
Jus d'un citron

Préparation

- Faire un joli bouillon avec les légumes (sauf les champignons) et les herbes. Y faire cuire le poulet à feu doux jusqu'à cuisson complète. Ne pas oublier d'assaisonner de sel et de poivre du moulin.
- Entre-temps, couper les champignons en quatre et faire revenir avec la moitié du jus de citron, sel et poivre du moulin.
- Retirer le poulet du bouillon et laisser refroidir quelques instants.
- Détacher la viande des os en gros morceaux.
- Passer le bouillon à la passoire et conserver 1 litre.
- Faire fondre le beurre et ajouter la farine hors du feu. Mélanger avec une spatule. Laisser épaissir quelques instants sur le feu et ajouter le bouillon. Bien mélanger et lisser avec un fouet et laisser cuire 5 minutes. Assaisonner de sel, de poivre du moulin et d'une pincée de noix de muscade. Ajouter le jus de citron et les champignons.
- Ajouter le poulet et réchauffer quelques instants.

Finition

- Servir éventuellement dans un feuilleté, sur une grande assiette.

Détail intéressant

Dans certaines recettes, on ajoute des boulettes de viande hachée bouillies.

Moussaka d'endives

INGRÉDIENTS (POUR 4 PERSONNES)

8 endives
600 g de viande hachée
4 grosses pommes de terre
100 g de beurre
100 g de farine
1 l de lait
200 g de fromage râpé
100 g de fromage rapé supplémentaire

Préparation

- Couper les endives en deux puis en larges bandes.
- Faire revenir rapidement dans un peu de beurre.
- Assaisonner de sel et de poivre du moulin.
- Entre-temps, faire cuire les pommes de terre et couper en tranches d'1 cm.
- Faire cuire la viande hachée dans une poêle comme pour la sauce spaghetti.
- Faire une béchamel au fromage avec le beurre, la farine, le lait et le fromage.
- Répartir la viande hachée au fond d'un plat allant au four.
- Y disposer les morceaux d'endives.
- Disposer les lamelles de pomme de terre sur les morceaux d'endives.
- A l'aide d'une cuillère, verser la sauce béchamel sur les pommes de terre.
- Parsemer la sauce avec le fromage supplémentaire.
- Placer ½ heure au four à 180°C.

Détail intéressant

La moussaka traditionnelle est à base de viande d'agneau haché et de tranches d'aubergines cuites au lieu d'endives.

5.

Accompagnements

Pommes de terre farcies au lard, cheddar et langoustines

INGRÉDIENTS (POUR 4 PERSONNES)

4 grosses pommes de terre fermes
8 langoustines 16/20
200 g de cheddar
50 g de beurre
100 g de lard fumé
4 branches de persil plat

Préparation

- Cuire les pommes de terre dans leur peau. Les couper dans la longueur d'environ 1/3 pour les ouvrir. Evider la plus grande part.
- Réduire en purée avec 100 g de cheddar et du beurre. Assaisonner de sel et de poivre du moulin.
- Décortiquer les langoustines et couper en deux.
- Retirer l'intestin et hacher grossièrement la chair.
- Faire revenir rapidement dans un peu d'huile, assaisonner de sel et de poivre du moulin.
- Faire également revenir très rapidement dans du beurre les tranches de lard fumé.
- Remplir les pommes de terre avec les langoustines et les tranches de lard.
- Remplir une poche à douille avec la purée, et recouvrir les langoustines et le lard fumé de cette purée.
- Parsemer le reste de cheddar et passer sous le grill.

Finition

- Disposer une couche de gros sel de mer sur une grande assiette.
- Mettre les pommes de terre par-dessus.
- Décorer avec une branche de persil plat.

Tortilla aux œufs, oignons et lard

INGRÉDIENTS (POUR 4 PERSONNES)

2 grosses pommes de terre
8 œufs
2 oignons
150 g de lard frais
1 gousse d'ail

Préparation

- Eplucher les pommes de terre et bien laver.
- Râper les pommes de terre, éventuellement au robot ménager. Ne plus les laver à compter de cet instant.
- Eplucher les oignons et l'ail et couper finement.
- Couper le lard en fines lamelles.
- Faire chauffer un peu d'huile d'olive dans la poêle et y faire revenir l'oignon, l'ail et le lard.
- Assaisonner de sel et de poivre du moulin.
- Ajouter les pommes de terre râpées et bien presser.
- Assaisonner les pommes de terre de sel et de poivre du moulin.
- Battre les œufs et assaisonner également.
- Verser les œufs sur les pommes de terre et remuer doucement.
- Laisser durcir les œufs et placer la poêle pendant 10 minutes au four à 150°C.
- Retirer la poêle du four et verser sur une grande assiette chaude.
- Découper la tortilla en lamelles et y enfoncer des piques ou de petites fourchettes.

Détail intéressant

La tortilla est un plat incontournable dans les bars à tapas espagnols. Elle sera mieux réussie dans une poêle en téflon.

Falafels

INGRÉDIENTS (POUR 4 PERSONNES)

250 g de pois chiches secs
1 oignon
1 cs de persil haché
2 gousses d'ail
10 g de sel
25 g de levure chimique
1 pincée de cumin moulu
1 pincée de graines de coriandre moulues
½ cc de feuilles de coriandre
1 pincée de poivre de Cayenne
Jus d'½ citron
3 cs de farine
1 cl d'huile d'olive

Préparation

- La veille, faire tremper les pois chiches dans de l'eau froide au réfrigérateur.
- Les égoutter le lendemain et faire cuire dans de l'eau salée.
- Egoutter.
- Couper l'oignon et l'ail finement et faire revenir dans un peu d'huile.
- Ajouter les pois chiches.
- Ajouter tous les autres ingrédients aux pois chiches.
- Ecraser en purée dans le mixeur jusqu'à obtention d'une consistance friable.
- Rouler en petites boulettes que vous poserez sur un plat.
- Placer les boulettes au réfrigérateur afin de les rendre fermes.
- Faire dorer juste avant de servir dans de l'huile à 180°C.
- Laisser égoutter sur du papier absorbant.
- Servir avec de la sauce à l'ail et des pains pita chauffés quelques instants au four et avec une salade coleslaw au cumin.

Ailes de poulet façon « Kentucky Fried Chicken »

INGRÉDIENTS (POUR 4 PERSONNES)

16 ailes de poulet
3 cs de farine
½ cc de paprika en poudre
½ cc de cumin moulu
1 pincée de poivre de Cayenne
½ cc de sel
4 cs de ketchup
1 filet de tabasco

Préparation

- Verser la farine et tous les aromates dans un grand sachet de conservation.
- Ajouter les ailes de poulet.
- Fermer le sac et secouer énergiquement.
- Faire chauffer l'huile à 170°C.
- Retirer les ailes du sac et tapoter pour enlever l'excédent de farine.
- Frire immédiatement.
- Retirer de la friture et laisser égoutter sur du papier absorbant.
- Entre-temps, mélanger le ketchup et le tabasco.

Finition

- Disposer les ailes de poulet sur une grande assiette recouverte de papier dentelle. Servir le ketchup dans un récipient séparé.

Détail intéressant

Aux USA, Kentucky Fried Chicken est aussi célèbre que Mc Donalds ou Burger King.
Le mélange d'aromates utilisé est, depuis la création de l'entreprise, un secret d'état. C'est pourquoi le titre de cette recette est « façon » Kentucky Fried Chicken.

Pommes de terre aux herbes

INGRÉDIENTS (POUR 4 PERSONNES)

8 pommes de terre moyennes fermes
½ cc de feuilles de romarin hachées
1 gousse d'ail
½ cc d'origan haché
1 échalote
1 cl d'huile d'olive
½ cc de cerfeuil haché

Préparation

- Couper les pommes de terre lavées en gros quartiers.
- Frire comme des frites traditionnelles, en deux fois : d'abord à 160°C, puis à 180°C.
- Entre-temps, couper très finement l'ail et l'échalote épluchés.
- Faire cuire dans l'huile d'olive et bien assaisonner de sel et de poivre du moulin.
- Retirer du feu et ajouter les herbes hachées.
- Ajouter les herbes aux pommes de terre brûlantes et bien mélanger.
- Assaisonner à nouveau avec du gros sel de mer.
- Servir en tant qu'amuse-gueules ou comme légumes accompagnant un steak ou toute bonne pièce de viande ou de poisson.

Sauce de légumes épicée

INGRÉDIENTS (POUR 4 PERSONNES)

1 avocat mûr
2 grosses tomates
2 échalotes
1 cc de feuilles de coriandre hachées
1 gousse d'ail
1 piment
½ poivron rouge
4 olives noires
Jus d'1 citron vert
5 cl d'huile d'olive piquante

Préparation

- Peler les tomates en les ébouillantant puis en les passant sous l'eau froide.
- Couper en quatre et épépiner.
- Couper la chair en petits dés.
- Eplucher l'ail et les échalotes et couper très finement.
- Peler le poivron et couper en petits morceaux.
- Hacher finement les olives.
- Peler l'avocat, couper en deux et retirer le noyau.
- Couper la chair en dés et mélanger immédiatement avec le jus du citron vert.
- Couper le piment en deux et retirer les pépins.
- Couper très finement.
- Mélanger délicatement tous les ingrédients.
- Assaisonner de gros sel de mer.
- Conserver la sauce au réfrigérateur.

Utilisation

- Cette sauce est parfaite pour les chips tortillas mais aussi comme accompagnement de saumon ou thon mariné.

Rondelles d'oignon

INGRÉDIENTS (POUR 4 PERSONNES)

2 gros oignons espagnols
2 œufs
4 cs de farine
10 cl de bière
Un filet d'huile
½ cc de sel

Préparation

- Séparer les blancs d'œufs des jaunes.
- Monter les blancs en neige dans un saladier non gras.
- Bien mélanger les jaunes avec la farine, le sel et la bière.
- Ajouter un filet d'huile et les blancs en neige.
- Tout bien incorporer.
- Il est important que la pâte soit bien épaisse.
- Couper les oignons épluchés en tranches de 1 cm.
- Détacher les rondelles avec les doigts.
- Les tremper dans la pâte et les retirer délicatement à l'aide d'une fourchette à viande.
- Laisser égoutter et frire immédiatement dans l'huile chaude.
- Egoutter sur du papier absorbant.

Détail intéressant

Aux Etats-Unis les steaks sont habituellement accompagnés de rondelles d'oignon. En général, si vous n'en voulez pas, vous devez le mentionner explicitement. D'autres steakhouses les proposent comme accompagnement facultatif à commander en supplément. Il est donc important de bien lire le menu.

Salsa verde

INGRÉDIENTS POUR 50 CL

40 cl d'huile d'olive extra
¼ de botte de basilic
1 gousse d'ail
Jus de 2 citrons verts
1 cs de persil haché
1 cs de cerfeuil haché
1 petit piment vert

Préparation

- Placer tous les ingrédients dans le mixeur et mixer très fin.
- Saler légèrement.
- Verser la salsa dans un flacon souple.

Utilisation

- Cette salsa verde piquante aux herbes peut accompagner une multitude de plats.
- Elle peut servir d'accompagnement pour le poisson frit ou les nachos, ou encore pour accentuer la couleur ou le goût d'une sauce à l'ail.
- Si la sauce est conservée au réfrigérateur, la sortir une demi-heure avant emploi pour l'amener à température ambiante et défiger l'huile.

Vinaigrette Thousand Islands

INGRÉDIENTS POUR 50 CL

2 jaunes d'œufs
1 cs de moutarde
40 cl d'huile de tournesol
1 cc de miel
1 cc de ketchup
1 tranche d'ananas en boîte
2 cl de vinaigre de Xérès

Préparation

- Placer l'ananas, la moutarde, le miel, les jaunes d'œufs et le vinaigre de Xérès dans le mixeur.
- Assaisonner de sel et de poivre du moulin.
- Mixer très fin.
- Ajouter l'huile en filet.
- Incorporer enfin le ketchup.

Utilisation

- Cette vinaigrette accompagne idéalement la salade aux langoustines cuites et dés de lard.
- Pour donner un coup de fouet à la vinaigrette, utilisez un mélange d'huiles d'olive et de tournesol.

6.

Douceurs

Milk-shake à la banane

INGRÉDIENTS (POUR 4 PERSONNES)

50 cl de lait
2 bananes
Jus d'½ citron
4 boules de glace à la vanille
50 cl de crème liquide
4 cs de sucre en poudre

Préparation

- Peler les bananes, les écraser avec le jus de citron, et passer au mixeur.
- Ajouter la glace, le lait, la crème et le sucre.
- Mixer le tout jusqu'à l'obtention d'un mélange mousseux.

Finition

- Servir immédiatement dans des verres hauts et y plonger des pailles flexibles épaisses.

Milk-shake à la fraise

INGRÉDIENTS (POUR 4 PERSONNES)

50 cl de lait
4 boules de glace à la vanille
50 cl de crème liquide
2 cs de sucre
2 cl de liqueur de fraise
200 g de fraises
4 fraises supplémentaires

Préparation

- Laver les fraises, retirer la couronne et couper en quatre.
- Verser dans le mixeur avec le sucre, la liqueur de fraise, le lait, la glace et la crème.
- Mixer jusqu'à l'obtention d'un mélange mousseux.

Finition

- Servir dans des verres hauts.
- Plonger des pailles épaisses.
- Entailler les fraises supplémentaires et les planter sur le bord du verre comme décoration.

Détail intéressant

En hiver vous pouvez faire ce milk-shake avec des fraises congelées ou même avec un coulis de fraises.
Afin d'accentuer la saveur de la fraise, vous pouvez remplacer la glace à la vanille par de la glace à la fraise. Sachez cependant que l'arôme des glaces aux fruits est en général très artificiel.

Milk-shake pina colada

INGRÉDIENTS (POUR 4 PERSONNES)

2 tranches d'ananas frais
50 cl de lait de coco
5 cl de rhum blanc
4 cs de sucre
50 cl de crème liquide
4 boules de glace à la vanille
4 petits dés d'ananas frais supplémentaires
8 feuilles de couronne d'ananas

Préparation

- Couper l'ananas en petits dés et mélanger avec le sucre.
- Verser dans le mixeur et mixer avec le rhum.
- Ajouter la glace vanille, le lait de coco et la crème.
- Mixer jusqu'à l'obtention d'un mélange mousseux.

Finition

- Répartir le milk-shake dans des verres hauts et froids.
- Y plonger des grosses pailles.
- Décorer le bord avec les morceaux d'ananas.
- Planter les feuilles dans l'ananas.

Détail intéressant

Pour ne pas renverser le verre, il est plus prudent de planter les feuilles dans l'ananas auparavant.

Yaourt glacé

INGRÉDIENTS POUR 1 LITRE

6 jaunes d'œuf
250 g de sucre en poudre
60 cl de yaourt
20 cl de crème liquide
10 cl de lait

Préparation

- Fouetter les jaunes d'œuf avec le sucre jusqu'à obtention d'une consistance mousseuse.
- Porter la crème et le lait à ébullition.
- Ajouter aux jaunes d'œuf.
- Replacer quelques instants sur le feu pour lier mais ne pas porter à ébullition.
- Placer dans un bac rempli d'eau froide et de glaçons pour refroidir rapidement.
- Mélanger le yaourt avec le liquide refroidi.
- Placer dans la sorbetière et activer.
- Conserver au congélateur.
- Si vous ne disposez pas de sorbetière, vous pouvez placer la préparation dans une boîte en plastique au congélateur, en tournant régulièrement, jusqu'à consistance assez ferme.
- Restez conscient que ce n'est qu'une solution de remplacement et que le résultat ne donne pas un mélange aussi homogène qu'avec une sorbetière.
- Vous pouvez varier en incorporant des fruits en purée au yaourt.
- Adaptez la recette selon que ces fruits sont sucrés ou non.

Donuts américains

INGRÉDIENTS (POUR 4 PERSONNES)

20 g de levure
1 cs de sucre en poudre
5 cl d'eau tiède
50 g de beurre
25 cl de lait
150 g de sucre en poudre extra-fin
¼ cc de noix de muscade
½ cc de sel
2 œufs
500 g de farine

Garniture
50 g de sucre ultra-fin
1 cc de cannelle

Préparation

- Délayer la levure et la cuillère à soupe de sucre dans de l'eau tiède.
- Faire chauffer le lait et y faire fondre le beurre.
- Laisser refroidir jusqu'à ce qu'il soit tiède et ajouter l'eau tiède.
- Ajouter ensuite la noix de muscade, le sucre, le sel et les œufs battus.
- Bien mélanger.
- Ajouter la farine tamisée.
- Bien pétrir afin d'obtenir une pâte élastique.
- Couvrir avec une serviette et laisser fermenter 10 minutes dans un endroit chaud.
- Presser la pâte afin d'expulser le gaz.
- Confectionner de petites boules et les disposer sur une plaque. Faire un trou dans les boules en enfonçant le manche d'une cuillère en bois. Couvrir avec du film et une serviette et laisser fermenter dans un endroit chaud pendant 30 minutes.
- Frire dans de l'huile à 180°C jusqu'à ce que les donuts soient dorés.
- Egoutter sur du papier absorbant.
- Mélanger le sucre fin avec la cannelle et y tremper les donuts.

Détail intéressant

On peut finir les donuts par un glaçage. Pour cela, mélanger un blanc d'œuf avec du sucre glace afin d'obtenir une pâte et en enduire les donuts.

En ajoutant du colorant, vous pouvez même confectionner un glaçage rose vif, par exemple.

Pain perdu

INGRÉDIENTS (POUR 4 PERSONNES)

4 tranches de pain blanc de 2 cm d'épaisseur
2 dl de lait
4 œufs
4 cs de cassonade
30 g de beurre

Préparation

- Casser les œufs dans un saladier.
- Ajouter le lait.
- Bien fouetter.
- Tremper les tranches de pain dans le lait.
- Entre-temps, faire fondre le beurre dans une poêle.
- Retirer les tranches de pain du lait.
- Faire dorer des deux côtés dans le beurre.

Finition

- Servir le pain perdu sur une grande assiette chaude.
- Saupoudrer généreusement de cassonade.

Détail intéressant

Servir comme dessert, éventuellement avec une boule de glace au café ou quelques pommes sautées.

Brownies

INGRÉDIENTS POUR UNE DIZAINE DE BROWNIES

200 g de fondant au chocolat
150 g de beurre
125 g de farine
½ cc de cannelle
½ cc de levure chimique
100 g de sucre en poudre
3 œufs
100 g de raisins secs

Préparation

- Faire fondre le chocolat au bain-marie.
- Y mélanger le beurre.
- Battre les œufs avec le sucre jusqu'à l'obtention d'une consistance légère.
- Y ajouter le chocolat fondu.
- Ajouter la farine tamisée et la levure chimique.
- Saupoudrer de raisins secs.
- Bien mélanger.
- Bien beurrer un moule rectangulaire (15 x 20 cm environ).
- Saupoudrer de farine et tapoter pour enlever l'excédent.
- Remplir le moule avec la pâte.
- Faire cuire 30 minutes au four à 180°C.
- Laisser reposer quelques instants et découper en portions de 5 sur 5 cm.

Popcorn

INGRÉDIENTS (POUR 4 PERSONNES)

50 g de maïs pour popcorn
2 cs de sucre en poudre
2 cs d'huile de germes de maïs

Préparation

- Verser l'huile dans une poêle à fond épais.
- Ajouter le maïs.
- Mettre sur le feu.
- Saupoudrer de sucre au moment où le maïs commence à éclater et couvrir la poêle d'un couvercle.
- Laisser tous les grains de maïs éclater, à feu doux sous le couvercle.
- Lorsque plus aucun bruit ne sort de la poêle, retirer immédiatement du feu.
- Retirer le popcorn de la poêle.
- Verser dans des boîtes en carton.

Détail intéressant

Vous pouvez également utiliser du sel à la place du sucre, mais en réduisant la quantité à 1 cuillère à café.
Aux USA, on ajoute à la fin du beurre fondu au popcorn chaud. Si vous souhaitez le faire, utilisez seulement la partie grasse du beurre et pas la partie laiteuse.
Utilisez du popcorn sucré comme décoration pour la mousse au chocolat, ou salé avec une salade.

Kaiserschmarren

INGRÉDIENTS (POUR 4 PERSONNES)

50 cl de lait
4 œufs
250 g de farine fermentante
100 g de raisins secs
5 cl de rhum
½ cc de sucre en poudre
400 g de confiture de groseilles
1 pincée de sel
4 cs de sucre glace
20 g de beurre

Préparation

- Tremper les raisins secs dans le rhum.
- Verser le lait dans un saladier et ajouter les œufs.
- Bien fouetter et ajouter la farine, le sucre et le sel.
- La pâte doit être légèrement plus épaisse que la pâte à crêpes.
- Faire fondre le beurre et ajouter à la pâte.
- Laisser reposer la pâte pendant ½ heure.
- Préparer des crêpes de 1 cm d'épaisseur dans une poêle en téflon.

Finition

- Couper les crêpes en grosses lamelles.
- Répartir sur des assiettes chaudes.
- Parsemer de raisins secs.
- Saupoudrer généreusement de sucre glace.
- Servir la confiture de groseilles séparément dans un ramequin.

Détail intéressant

Ce mets est un plat autrichien typique qui n'est pas dégusté comme dessert, mais au déjeuner et au goûter.

Notes

Index

En-cas

Apéritif

Salades

Plats

Accompagnements

Douceurs

GROUPE LUC PIRE

Directeur général : Luc Pire
Quai aux Pierres de Taille, 37-39 – 1000 Bruxelles
www.larenaissancedulivre.eu

Cuisine minute

Rédaction : Patrick Caignau
Traduction : Bram Poldervaart et Olivier Roulph, Bendito Translations
Coordination : Lutgart Verraes et Joni Verhulst

Mise en page couverture et intérieur : Marc Provoost

Imprimé à Merendree (Belgique)

Première édition : février 2008

ISBN : 978-2-87415-899-5
Dépôt légal : D/2008/6840/13